ATELIER

De Feu

De LA ROCHENOIRE

CATALOGUE

DES

TABLEAUX

Esquisses, Études et Aquarelles

PAR

DE LA ROCHENOIRE

Et Œuvres par divers Artistes

COROT, TROYON, BOULARD, DAUBIGNY, DAUMIER,

GOYA, JONGKIND, ETC.

PASTELS DE L'ÉCOLE FRANÇAISE DU XVIIIᵉ SIÈCLE

DONT LA VENTE AURA LIEU PAR SUITE DE DÉCÈS

HOTEL DROUOT, SALLE Nº 1

Les Lundi 4 et Mardi 5 Décembre 1899

à deux heures

COMMISSAIRE-PRISEUR	EXPERT
Mᵉ LÉON TUAL	**M. B. LASQUIN**
56, rue de la Victoire	12, rue Laffitte

EXPOSITION PUBLIQUE

Le Dimanche 3 Décembre 1899, de 1 heure 1/2 à 5 heures 1/2

CONDITIONS DE LA VENTE

Elle sera faite au comptant.

Les Acquéreurs payeront *cinq pour cent* en sus des enchères.

L'exposition mettant le public à même de se rendre compte de l'état et de la nature des objets, aucune réclamation ne sera admise une fois l'adjudication prononcée.

Paris. — Imp. de l'Art. E. Moreau et Cie, 41, rue de la Victoire.

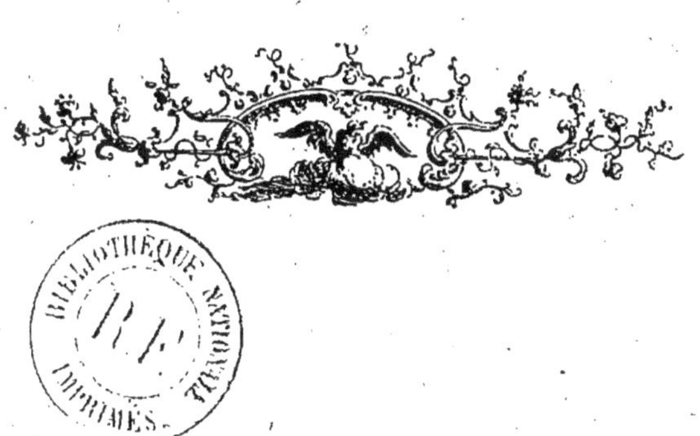

Charles Émile Julien De La Rochenoire, qui vient de disparaitre, était un artiste de haute valeur; un grand vide dans l'art restera marqué par sa mort, pour les admirateurs de l'école de Corot et de Troyon, dont il fut l'ami.

Né au Havre le 13 janvier 1820, il fut destiné d'abord par ses parents au commerce, mais ses goûts prononcés pour la peinture le firent renoncer à tous les avantages qui lui étaient offerts.

Il était artiste par vocation.

Délaissant la peinture d'histoire par laquelle il débuta, il se sentit attiré vers la nature, et c'est dans la Normandie, son pays natal, si riche en délicieux paysages, qu'il put donner essor à son vigoureux talent.

Là, il conquit à force de labeur et d'études consciencieuses la personnalité originale qui le plaça au premier rang de nos peintres paysagistes et animaliers.

Le succès couronnant ses efforts, nombre de Musées voulurent posséder de ses œuvres; c'est ainsi que nous admirons au Musée de Rouen son tableau: *Vaches au pâturage*, qui lui valut une médaille d'or. Les Musées du Havre, de Mulhouse, de Caen, de Coutances, de Saint-Étienne, de Lisieux nous offrent d'autres œuvres importantes et remarquées.

Travailleur infatigable, il faisait de nombreuses études d'après nature pour chacune de ces compositions.

Ce sont ces études et un certain nombre de tableaux achevés, qu'il tenait à conserver étant de ses meilleurs, que nous offrons en vente aujourd'hui.

Au nombre de ceux-ci : *Une vue de l'épi à pins à Sainte-Adresse* lui valut d'être admis au Salon avec le n° 1.

Nous rétrouvons dans ces pages la manifestation d'un talent de brillant coloriste, la facture large et la justesse de vue frappante d'un véritable artiste.

Aux œuvres De La Rochenoire sont jointes celles d'autres artistes, certaines étaient pour lui des souvenirs de ses maîtres et de ses amis ; c'est ainsi que nous pouvons citer diverses toiles, études ou dessins de Troyon, Corot, Daubigny, Daumier, Jongkind, etc., et aussi des pastels du xviiie siècle qui, nous l'espérons, seront très appréciés par les amateurs.

DÉSIGNATION

OEuvres par DE LA ROCHENOIRE

1 — *Quatre Vaches au pâturage, à Bléville.*
Signé au bas à droite. — Toile. Haut., 1 m. 60 cent.;
larg., 1 m. 99 cent.

2 — *Marché d'animaux, falaises d'Étretat.*
Signé à droite. — Toile. Haut., 85 cent.; larg.,
1 m. 20 cent.

3 — *Dos d'Ane, à Sainte-Adresse.*
Signé à gauche. — Toile. Haut., 72 cent.; larg.,
95 cent.

4 — *Intérieur du Manoir de Vitanval, à Sainte-Adresse.*
Signé à droite. — Toile. Haut., 46 cent.; larg.,
56 cent.

5 — *Vaches sous les pommiers.*
Signé à droite. — Toile. Haut., 61 cent.; larg.,
86 cent.

6 — *La Ferme de La Rochenoire, à Bléville.*
Signé à gauche. — Toile. Haut., 73 cent.; larg.,
96 cent.

7 — *Vaches à l'herbe, Bléville.*
> Signé à droite. — Haut., 73 cent.; larg., 96 cent.

8 — *Quatre Vaches en marche au bord de la mer.*
> Signé à gauche. — Haut., 65 cent.; larg., 81 cent.

9 — *Taureau piqué par des mouches.*
> Signé. — Toile. Haut., 1 m. 60 cent.; larg.,
> 2 m. 05 cent.

10 — *Troupeau en marche sur le bord de la mer, Dives (Calvados); ciel orageux.*
> Signé au bas à droite et daté 1879. — Toile. Haut.,
> 1 m. 60 cent.; larg., 2 m. 06 cent.
> *(Salon de 1870.)*

11 — *Jeune Bretonne conduisant une vache à l'abreuvoir.*
> Signé à droite. — Toile. Haut., 1 m. 59 cent.; larg.,
> 2 m. 05 cent.
> *(Salon de 1870.)*

12 — *La Traite des vaches.*
> Signé à gauche. — Toile. Haut., 1 m. 63 cent.; larg.,
> 2 m. 06 cent.

13 — *La Vache blanche.*
> Signé à droite et daté de 1890. — Toile. Haut.,
> 1 m. 42 cent.; larg. 2 m.

14 — *La Mort d'Hippolyte.*
> Signé à gauche. — Toile. Haut., 1 m. 01 cent.; larg.,
> 1 m. 33 cent.
> *(Salon de 1863.)*

15 — *Marche d'animaux sur le sable.*
> Signé à droite. — Toile. Haut., 87 cent.; larg.,
> 1 m. 18 cent.

16 — *Le Maquignon à cheval conduisant des animaux.*
> Signé à gauche. — Toile. Haut., 86 cent.; larg.,
> 1 m. 18 cent.

17 — *La Vache qui se gratte, Bléville.*
>   Signé à gauche. — Toile. Haut., 73 cent.; larg.,
> 95 cent.
>> (*Salon de 1887.*)

18 — *Animaux en route pour le marché, Calvados.*
>   Signé à gauche. — Toile. Haut., 76 cent.; larg.,
> 95 cent.
>> (*Salon de 1887.*)

19 — *Trois Vaches au pâturage, près Dives.*
>   Signé à gauche. — Toile. Haut., 75 cent.; larg.,
> 95 cent.

20 — *Vaches à robes noire et blanche, vallée de la Toucques.*
>   Signé à droite. — Haut., 73 cent.; larg., 95 cent.

21 — *Trois Vaches à l'abreuvoir au bord d'une rivière.*
>   Signé à droite. — Toile. Haut., 72 cent.; larg.,
> 95 cent.

22 — *Vache à la mare.*
>   Signé à droite. — Toile. Haut., 76 cent.; larg.,
> 95 cent.

23 — *La Vache rousse.*
>   Signé à gauche. — Toile. Haut., 82 cent.; larg.,
> 65 cent.

24 — *Bestiaux au pâturage.*
>   Signé à gauche. — Haut., 65 cent.; larg., 81 cent.

25 — *Vaches et Ane; temps orageux.*
>   Haut., 65 cent.; larg., 81 cent.

26 — *Jeune Veau blanc et noir dans un enclos.*
>   Toile. Haut., 72 cent.; larg., 95 cent.

27 — *Vaches et Poules dans un pré, à Bléville.*
>   Signé à droite. — Haut., 52 cent.; larg., 70 cent.

28 — *Steamer sous le vent, Havre.*
Haut., 51 cent.; larg., 73 cent.

29 — *La Vache noire et Moutons.*
Signé à droite. — Toile. Haut., 65 cent.; larg.,
81 cent.

30 — *Pâturage au bord de la mer.*
Signé à droite. — Haut., 65 cent.; larg., 81 cent.

31 — *Vaches sous les pommiers en fleurs.*
Signé à gauche. — Haut., 65 cent.; larg., 81 cent.

32 — *Vaches et Poules dans un verger.*
Signé à gauche. — Toile. Haut., 64 cent.; larg.,
85 cent.

33 — *Bestiaux dans la vallée de la Toucques.*
Signé à gauche. — Haut., 72 cent.; larg., 95 cent.

34 — *Barque et Bateau à vapeur en pleine mer.*
Signé à gauche. — Toile. Haut., 54 cent., larg.,
66 cent.

35 — *Marine.*
Signé à droite. — Toile. Haut., 47 cent.; larg.,
66 cent.

36 — *Moutons sur la falaise, Étretat.*
Signé à gauche. — Toile. Haut., 45 cent. 1/2; larg.,
65 cent.

37 — *Taureau grattant la terre.*
Signé à gauche. — Toile. Haut., 53 cent.; larg.,
64 cent.

38 — *Vaches, Veau et Poules, falaise d'Octeville.*
Signé à gauche. — Toile. Haut., 54 cent.; larg.,
64 cent.

39 — *Vaches en côte, à Sainte-Adresse.*
Signé à gauche. — Toile. Haut., 5o cent.; larg., 6o cent.

40 — *Bœufs, aux environs de Caen.*
Signé à gauche. — Toile. Haut., 5o cent.; larg., 61 cent.

41 — *Poules et Coqs devant la grange.*
Signé à gauche. — Toile. Haut., 40 cent.; larg., 65 cent.

42 — *Barques au retour de la pêche.*
Signé à gauche. — Toile. Haut., 42 cent.; larg., 62 cent.

43 — *Taureau et Vaches au pâturage de Bléville.*
Signé à droite. — Toile. Haut., 40 cent.; larg., 6o cent.

44 — *Vache beuglant.*
Signé à gauche. — Toile. Haut., 46 cent.; larg., 56 cent.

45 — *Jeune Taureau au bord d'un cours d'eau.*
Toile. Haut., 55 cent.; larg., 45 cent.

46 — *Troupeau en marche.*
Signé à gauche. — Toile. Haut., 45 cent.; larg., 55 cent.

47 — *Barques de pêche en pleine mer.*
Signé à gauche. — Haut., 36 cent.; larg., 62 cent.

48 — *Barques sur la grève à marée basse.*
Signé à droite. — Haut., 40 cent.; larg., 6o cent.

49 — *Pleine mer après l'orage.*
Signé à gauche. — Haut., 34 cent.; larg., 58 cent.

50 — *Barques à voiles en pleine mer.*

>   Signé à gauche. — Haut., 36 cent.; larg., 55 cent.

51 — *Barques à marée basse.*

>   Signé à gauche. — Toile. Haut., 36 cent.; larg.,
>   55 cent.

52 — *Clair de lune au bord de la mer.*

>   Signé à gauche. — Panneau. Haut., 39 cent.; larg.,
>   54 cent.

53 — *La Traite des vaches à midi, Bléville.*

>   Signé à droite. — Panneau. Haut., 41 cent.; larg.,
>   46 cent.

54 — *Vaches et Poules dans un pré.*

>   Signé à gauche. — Panneau. Haut., 37 cent.; larg.,
>   46 cent.

55 — *La Traite des vaches au bord de la mer.*

>   Signé au bas. — Panneau. Haut., 64 cent.; larg.,
>   40 cent.

56 — *Le Coin aux Anes, à Octeville.*

>   Signé à droite. — Panneau. Haut., 38 cent.; larg.,
>   46 cent.

57 — *La Vague.*

>   Signé à droite. — Toile. Haut., 26 cent.; larg.,
>   44 cent.

58 — *Tempête; soleil couchant.*

>   Signé à droite. — Toile. Haut., 32 cent.; larg.,
>   40 cent.

59 — *Barques sur la plage, à Octeville.*

>   Signé à gauche. — Toile. Haut., 24 cent.; larg.,
>   38 cent.

60 — *Troupeau de moutons en marche.*

Signé à droite. — Toile. Haut., 75 cent.; larg., 95 cent.

61 — *Bœufs en marche sur la falaise; soleil couchant.*

Signé à gauche. — Toile. Haut., 75 cent.; larg., 95 cent.

62 — *Vaches au pâturage, à Octeville.*

Signé à droite. — Toile. Haut., 72 cent.; larg., 95 cent.

63 — *Vaches en côte, à Ignauval-Sainte-Adresse.*

Signé à gauche. — Toile. Haut., 72 cent.; larg., 95 cent.

64 — *Vaches sous bois.*

Signé à gauche. — Haut., 70 cent.; larg., 95 cent.

65 — *Animaux sous l'orage.*

Signé à droite. — Toile. Haut., 69 cent.; larg., 94 cent,

66 — *Vaches et Ane près d'une barrière, Dives.*

Signé à gauche. — Toile. Haut., 66 cent.; larg., 1 mètre.

67 — *Jeune Taureau conduit à l'abreuvoir par une paysanne, Sainte-Adresse.*

Signé à droite. — Toile. Haut., 58 cent.; larg., 65 cent.

(*Salon de 1889.*)

68 — *L'Épi à pins.*

Signé à droite. — Toile. Haut., 65 cent.; larg., 81 cent.

69 — *Steamer en pleine mer.*

Signé à droite. — Toile. Haut., 47 cent.; larg., 66 cent.

70 — *L'Épi à pins, le Havre.*

> Signé à gauche. — Toile. Haut., 41 cent,; larg., 75 cent.

71 — *Le Départ des barques.*

> Signé à gauche. — Toile. Haut., 40 cent.; larg., 60 cent.

72 — *Barques de pêche; gros temps.*

> Signé à droite. — Toile. Haut., 41 cent.; larg.. 75 cent.

73 — *Marine; calme plat, le Havre.*

> Signé à droite. — Toile. Haut., 42 cent.; larg., 75 cent.

74 — *La Mare de la Brière, à Octeville.*

> Signé à gauche. — Toile. Haut., 37 cent.; larg., 63 cent.

75 — *La Vallée de la Toucques.*

> Signé à gauche en rouge. — Toile. Haut., 60 cent.; larg., 85 cent.

76 — *Le Chariot.*

> Signé à droite. — Panneau. Haut., 115 millim.; larg., 16 cent.

77 — *Chasseur au faucon.*

> Pastel. Haut., 78 cent.; larg.; 55 cent.

78 — *Le Guet-apens.*

> Signé à droite. — Panneau. Haut., 215 millim.; larg., 16 cent.

79 — *Le Roulier.*

> Signé à gauche. — Panneau. Haut., 12 cent.; larg. 16 cent.

80 — *Vaches sur la falaise ; au printemps.*
Signé à droite. — Panneau. Haut., 135 millim.; larg., 17 cent.

81 — *Villerville.*
Signé à droite. — Toile. Haut., 20 cent.; larg., 40 cent.

82 — *Étude pour le tableau du Musée de Rouen.*
Signé à gauche. — Carton. Haut., 505 millim.; larg., 63 cent.

83 à 142 — Soixante études peintes : *Animaux, Paysages et Marines.*

AQUARELLES

PAR DE LA ROCHENOIRE

---

143 — *Vue du Havre, prise de Sainte-Adresse.*
Aquarelle. Haut , 43 cent.; larg., 57 cent.

144 — *Jeune Taureau.*
Aquarelle. Haut., 47 cent.; larg , 56 cent.

145 — *Trois Vaches aux champs, Bléville* (13 septembre, 1867).
Aquarelle. Haut., 585 millim.; larg.; 70 cent.

146 — *Vaches dans la prairie.*
Aquarelle. Haut., 60 cent.; larg., 70 cent.

147 — *Troupeau, à Bléville* (7 septembre 1867).
Aquarelle. Haut., 59 cent.; larg., 70 cent.

148 — *Troupeau aux champs, Bléville* (6 juillet 1865).
Aquarelle. Haut., 52 cent.; larg., 68 cent.

149 — *Un Champ, à Bléville* (1865).
Aquarelle. Haut., 52 cent.; larg., 68 cent.

150 — *Veau à l'étable.*
Signée à droite. — Aquarelle. Haut., 58 cent.; larg., 70 cent.

151 — *Jeune Taureau.*
Aquarelle. Haut., 585 millim.; larg , 70 cent.

152 — *Vaches au repos, vallée de la Toucques.*
Aquarelle. Haut., 55 cent.; larg., 68 cent.

153 — *La Traite de midi, Bléville* (17 septembre 1867).
Aquarelle. Haut., 58 cent.; larg., 70 cent.

154 — *Vue du Havre* (8 août 1865).
Aquarelle. Haut., 42 cent.; larg., 50 cent.

155 — *Chevaux dans un verger.*
Aquarelle. Haut., 58 cent.; larg., 70 cent.

156 — *Troupeau de vaches, Bléville* (7 juillet 1865).
Aquarelle. Haut., 52 cent.; larg., 68 cent.

157 — *Briqueterie de Bléville.*
Aquarelle. Haut., 52 cent.; larg., 68 cent.

158 — *Barques de pêche en mer; gros temps.*
Aquarelle. Haut., 54 cent.; larg., 68 cent.

159 à 162 — *Marines, environs du Havre.*
Quatre aquarelles.

PEINTURES, DESSINS & PASTELS

PAR

DIVERS ARTISTES MODERNES ET ANCIENS

BOUCHER (F.)

163 — *Berger et deux Enfants.*

> Dessin rehaussé de blanc. — Haut., 41 cent.; larg.,
> 33 cent. — Cadre en bois sculpté.

BOULARD

164 — *Nature morte.*

> Signé à droite. — Toile. Haut., 5o cent.; larg.,
> 61 cent.

COROT

165 — *Portrait de Jeune Femme.*

> Assise, tournée vers la droite, en robe grise, les bras
> croisés. Signé au bas, à gauche. — Toile. Haut.,
> 41 cent.; larg., 325 millim.

166 — *Vue, prise à Honfleur.*

> A gauche, l'estuaire de la Seine. A droite, les vieilles
> maisons de Honfleur et la grève. — Toile. Haut.,
> 33 cent.; larg., 47 cent.

167 — *Femme assise.*

> La poitrine découverte, le reste du corps couvert par
> un peignoir blanc. Signé à gauche. — Carton. Haut.,
> 23 cent.; larg., 17 cent.

168 — *Bord d'un lac.*

> Pochade en grisaille. Signée à droite. — Toile.
> Haut., 24 cent.; larg., 35 cent.

COROT

169 — *Sous bois.*

Pochade. — Panneau. Haut., 185 millim.; larg. 135 millim.

170 — *L'Église San Pietro, à Rome.*

Étude donnée par Corot à Mme de La Rochenoire. — Toile. Haut., 36 cent.; larg., 29 cent.

171 — *Solitude.*

Croquis au fusain. Signé au bas, à droite. — Haut., 55 cent.; larg., 45 cent.

172 — *Étude de Chêne.*

Dessin.

DAUBIGNY (Ch.)

173 — *Paysage.*

Étude peinte sur papier. Signée au bas, à droite. — Toile. Haut., 16 cent.; larg., 26 cent.

174 — *Ville au bord d'une rivière.*

Sanguine. Haut., 42 cent.; larg., 53 cent.
(*Vente de l'artiste.*)

175 — *Bords de rivière.*

Sanguine. Haut., 48 cent.; larg., 65 cent.
(*Vente de l'artiste.*)

176 — *Port de mer.*

Sanguine. Haut., 48 cent.; larg., 64 cent.
(*Vente de l'artiste.*)

177 — *Vue de Château-Gaillard.*

Croquis à la plume. — Haut., 47 cent.; larg., 63 cent.

178 — *Le Printemps.*

Croquis au crayon du tableau du Luxembourg. — Haut., 32 cent.; larg., 45 cent.

DAUBIGNY (Ch.)

179 — *La Tamise.*

> Croquis au crayon. — Haut., 44 cent.; larg., 66 cent.

DAUMIER

180 — *Deux Têtes d'Avocats.*

> Dessin à la plume et au lavis d'encre de Chine, avec dédicace : *A mon ami La Rochenoire.* Au revers : Deux Têtes à la plume et à l'aquarelle.

DELACROIX (Eugène)

181 — *Tête de Vieille Femme.*

> Esquisse ¡peinte. Monogramme à gauche. — Haut., 46 cent.; larg., 38 cent.

GOYA

182 — *Portrait d'un Général sur un champ de bataille.*

> Toile. Haut., 24 cent.; larg., 20 cent.

JONGKIND

183 — *Rue de l'Eure, à Harfleur* (1850).

> Aquarelle. Haut., 49 cent.; larg., 40 cent.

184 — *Bâteaux sur un fleuve.*

> Signé et daté de 1870. — Dessin. Haut., 33 cent.; larg., 39 cent.

MÉRINO

185 — *Étude de Turc assis.*

> Toile. Haut., 27 cent.; larg., 35 cent.

PERONNEAU (Attribué à)

186 — *Portrait d'Homme en buste.*

> Pastel. Haut., 55 cent.; larg., 46 cent.

LA ROSALBA

187-188 — *Le Printemps et l'Hiver.*

Allégories sous des figures de jeunes Femmes en buste. — Deux pastels. Haut., 62 cent.; larg., 52 cent. — Haut., 60 cent.; larg., 49 cent.

RIÉSENER

189 — *Étude de Jeune homme en buste.*

Toile. Haut., 55 cent.; larg., 46 cent.

RIBOT

190 — *Volatiles.*

Deux dessins.

TROYON

191 — *Vaches au repos.*

Dans un pré, sur la lisière d'un bois, trois vaches : l'une, rousse, couchée; derrière celle-ci, une deuxième vache, à robe blanche tachetée de roux, tournée à droite, cache à demi la troisième, à robe jaune, tournée à gauche; plus loin, près du bois, deux autres vaches. — Toile. Haut., 40 cent.; larg., 54 cent.

192 — *Paysage.*

Ébauche.—Panneau. Haut., 20 cent.; larg., 29 cent.

TROYON (?)

193 — *Étude de Bestiaux*, d'après Berchem.

Toile. Haut., 28 cent.; larg., 41 cent.

TROYON

194 — *Quatre Vaches.*

Étude au crayon noir. — Haut., 37 cent.; larg., 46 cent.

195 — *Bœufs au labour.*

Croquis au crayon.—Haut., 33 cent.; larg., 51 cent.

196 — *Chien courant.*
>Dessin au fusain. — Haut., 62 cent.; larg., 48 cent.;

197 — *Bœufs au labour.*
>Croquis au crayon.—Haut., 45 cent.; larg., 58 cent.

198 — *Bords de la Seine.*
>Dessin rehaussé. — Haut., 50 cent.; larg., 71 cent.

199-203 — *Cinq croquis d'animaux.*

ÉCOLE FRANÇAISE (xviiie siècle).

204 — *Jeune Femme en buste.*
>Manteau bordé de fourrure.—Pastel. Haut., 60 cent.
>larg., 50 cent.

ÉCOLE FRANÇAISE

205 — *Nymphe surprise par un Satyre.*
>Toile. Haut., 20 cent.; larg.; 26 cent.

X (Attribué à Ricard)

206 — *Jeune Homme en buste.*
>Toile. Haut., 46 cent.; larg., 38 cent.

X

207 — *Tête de Jeune Fille*, de trois quarts à gauche.
>Pastel. Haut., 57 cent.; larg., 46 cent.

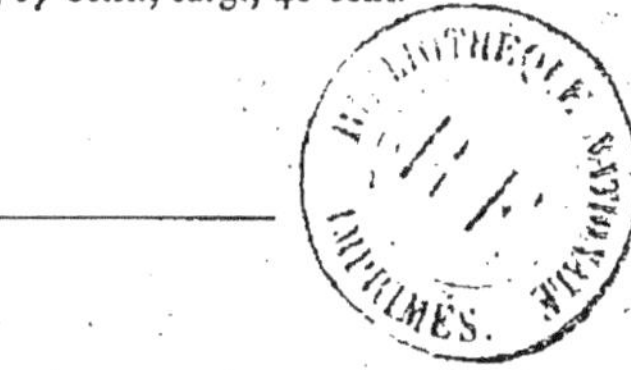

———

www.ingramcontent.com/pod-product-compliance
Lightning Source LLC
Chambersburg PA
CBHW061705050726

47598CB00004B/1688